Rastrear TORMENTAS

Heather E. Schwartz

✳ Smithsonian

Autora contribuyente

Heather Schultz, M.A.

Asesoras

Kelly V. Chance
Física superior
Smithsonian Astrophysical Observatory

Tamieka Grizzle, Ed.D.
Instructora de laboratorio de CTIM de K-5
Escuela primaria Harmony Leland

Stephanie Anastasopoulos, M.Ed.
TOSA, Integración de CTRIAM
Distrito Escolar de Solana Beach

Créditos de publicación

Rachelle Cracchiolo, M.S.Ed., *Editora*
Diana Kenney, M.A.Ed., NBCT, *Realizadora de la serie*
Véronique Bos, *Directora creativa*
Caroline Gasca, M.S.Ed., *Gerenta general de contenido*
Smithsonian Science Education Center

Créditos de imágenes: pág.4, pág.13 (superior) National Oceanic and Atmospheric Administration; pág.7 (inferior) National Weather Service; pág.11 (inferior) World Meteorological Organization; pág.17 (inferior) Chris R. Sharp/Science Source; pág.21 (inferior) Michel Mond/Shutterstock; pág.22 FashionStock/Shutterstock; pág.23 (superior), pág.27 (todas) © Smithsonian; pág.25 (inferior) NASA/JPL-Caltech; pág.26 (derecha) Jim Reed/Science Source; todas las demás imágenes cortesía de iStock y/o Shutterstock.

Library of Congress Cataloging-in-Publication Data

Names: Schwartz, Heather E., author.
Title: Rastrear tormentas / Heather Schwartz.
Other titles: Tracking a storm. Spanish
Description: Huntington Beach, CA : Teacher Created Materials, 2022. | Includes index. | Audience: Grades 4-6 | Summary: "What kind of weather is headed your way? Meteorologists make it their job to know. They tell you when sunshine is in the forecast. They tell you when it's going to rain. They spot severe storms, such as tornadoes and hurricanes, before they hit. Their work is important. It can even save lives"-- Provided by publisher.
Identifiers: LCCN 2021044226 (print) | LCCN 2021044227 (ebook) | ISBN 9781087643779 (paperback) | ISBN 9781087644240 (epub)
Subjects: LCSH: Weather forecasting--Juvenile literature. | Storms--Juvenile literature.
Classification: LCC QC995.43 .S3918 2022 (print) | LCC QC995.43 (ebook) | DDC 551.63--dc23
LC record available at https://lccn.loc.gov/2021044226
LC ebook record available at https://lccn.loc.gov/2021044227

Teacher Created Materials

5301 Oceanus Drive
Huntington Beach, CA 92649-1030
www.tcmpub.com

ISBN 978-1-0876-4377-9
©2022 Teacher Created Materials, Inc.
Printed in Malaysia.THU001.47741

Contenido

Más allá de las adivinanzas

¿Alguna vez te sorprendió una tormenta que no sabías que venía? ¿Alguna vez te vestiste de una manera por la mañana y el estado del tiempo ya había cambiado a la hora del almuerzo? Sin dudas, el estado del tiempo tiene un gran efecto en nuestras vidas. No podemos cambiarlo. Solo podemos prepararnos para lo que viene. Cuanto más sabemos de antemano, mejor podemos planificar. Pero el estado del tiempo puede ser difícil de predecir y puede cambiar rápidamente.

El **pronóstico** del tiempo no es una simple adivinanza. Los **meteorólogos** modernos usan la ciencia para predecir lo que sucederá en el futuro. Pueden ayudarnos a planificar nuestro día. Nos ayudan a decidir si debemos salir con paraguas. Pero eso no es lo único que hacen los meteorólogos. También rastrean tornados, huracanes y otras tormentas muy fuertes. Ayudan a las personas a prepararse para una catástrofe antes de que suceda. ¡Los pronósticos meteorológicos realmente pueden salvar vidas!

El primer pronóstico de tornado se emitió el 25 de marzo de 1948. El tornado se dirigía a la Base Tinker de la Fuerza Aérea, en Oklahoma.

daños causados por el tornado en la Base Tinker de la Fuerza Aérea

daños causados por un tornado

¿Qué es el estado del tiempo?

Cuando los científicos hablan del estado del tiempo, describen el estado del aire en un lugar y un momento determinados. Hay muchas cosas que pueden influir en el estado del tiempo. La **temperatura** del aire es una de ellas. La velocidad del viento y la **humedad** también pueden cambiar el estado del tiempo.

La temperatura del aire es la medición más común. Las personas leen termómetros para saber la temperatura. Los termómetros les ayudan a saber cuánto calor o frío hace.

Tal vez hayas sentido la humedad. La humedad hace difícil respirar debido al **vapor de agua** que hay en el aire. Cuanto más vapor de agua hay, mayor es la humedad. En un día de calor, la humedad hace que sientas aún más calor. Si afuera hace mucho calor y hay mucha humedad, puede ser peligroso.

Llueve.

Cae nieve.

La nieve se derrite.

El agua se evapora y se condensa en forma de nubes.

El agua llega al mar.

El agua penetra en el suelo.

El ciclo del agua

En el ciclo del agua, el agua pasa de la superficie terrestre al cielo y vuelve a caer. Cuando el sol calienta los mares y los lagos, una parte de esa agua **se evapora**. Se convierte en un gas, también llamado vapor de agua. El ciclo continúa, y esa misma agua se convierte en **precipitación**. El agua vuelve a caer al suelo. Este patrón recicla el agua de la Tierra desde hace miles de millones de años.

Unos meteorólogos rastrean el estado del tiempo.

Viento a favor

Cuando hay viento, te das cuenta. No puedes verlo, pero ves sus efectos. Las hojas vuelan por el aire y se arremolinan en el suelo. Los árboles y las ramas se mecen con la brisa. Pero ver lo que hace el viento no siempre da suficiente información. Los científicos usan instrumentos para saber mucho más de lo que ven sus ojos.

Los científicos usan anemómetros para medir la velocidad del viento. Un anemómetro consiste en una varilla con varias copas. Las copas giran con el viento. Para calcular la velocidad del viento, los científicos cuentan la cantidad de veces que gira el anemómetro.

Un barómetro mide la presión de la **atmósfera**. Es el peso del aire que es atraído hacia la Tierra por la gravedad. La presión atmosférica puede ayudar a predecir el estado del tiempo. Cuando la presión es alta, el cielo suele estar despejado, y si la presión es baja se forman nubes y tormentas.

anemómetro

1010
1000
1020
760
750
770
990
1030
740
980
780
730 mmHg
1040
970 hPa

barómetro

La presión del aire es más alta cuanto más cerca estamos del nivel del mar.

La cabeza en las nubes

Cuando la presión atmosférica es baja, el aire que está cerca del suelo sube hasta el cielo. A medida que sube se va enfriando, y el vapor de agua forma nubes. Pero cualquiera que haya mirado el cielo sabe que no todas las nubes son iguales.

Los meteorólogos observan los diferentes tipos de nubes para pronosticar el tiempo. Las nubes se clasifican de acuerdo con la altura a la que están y también por su forma y color.

Por ejemplo, las nubes que parecen copos de algodón y flotan cerca del suelo se llaman cúmulos. Por lo general aparecen en los días soleados. Las nubes cirros, en cambio, son muy delgadas y aparecen muy alto en el cielo. Son la señal de que se aproxima una tormenta, como un huracán. Los cumulonimbos son bajos, al igual que los cúmulos. Pero son grandes, **densos**, y a veces oscuros. Estas son las nubes que causan tormentas.

cúmulos

cirros

cumulonimbos

Gracias a las personas que visitaron el sitio web del Atlas Internacional de Nubes y subieron imágenes del cielo, se agregaron 11 nuevos tipos de nubes en el año 2017. Fueron los primeros que se agregaron en 30 años.

Fuente: https://cloudatlas.wmo.int/es

11

Que llueva, que llueva

Las precipitaciones pueden caer de muchas formas. La lluvia, el aguanieve, el granizo y la nieve tienen distinto aspecto. Si estás afuera en una tormenta, también notarás que son distintos al tacto. Pero solo son distintas maneras en que cae el agua.

Hay precipitación cuando el vapor de agua de las nubes se adhiere al polvo del aire y forma pequeñas gotas que caen al suelo. La lluvia es el agua que cae en estado líquido. El granizo está congelado por completo y cae en forma de piedras duras hechas de hielo. Al igual que la lluvia, el granizo puede tener diferentes tamaños. Las piedras de granizo grandes pueden ser peligrosas. El aguanieve es lluvia que se congela en el aire antes de llegar al suelo. Muchas veces, el aguanieve se mezcla con la lluvia y el granizo. La nieve está compuesta por cristales de hielo que se forman en las nubes. Al caer, los cristales se adhieren entre sí y forman suaves copos de nieve.

Cuando los científicos tienen suficientes datos sobre el estado del tiempo de un lugar, pueden determinar su clima. El clima es el promedio de las condiciones del tiempo a largo plazo.

aguanieve en el suelo

En 2010, cayó una enorme piedra de granizo en Dakota del Sur. Tenía casi el tamaño de una pelota de fútbol y medía 20 centímetros (8 pulgadas) de diámetro.

Cae nieve en la ciudad de Nueva York.

Observar el estado del tiempo

A lo largo de la historia, las personas han usado métodos sencillos para saber cómo estaría el tiempo. Muchos de esos métodos tienen base científica, pero están lejos de ser perfectos para predecir el estado del tiempo.

Hay un dicho sobre el sol de la mañana: "Cielo rojo al amanecer, el mar se ha de mover". Puede parecer gracioso, pero hay algo de ciencia en ese dicho.

Los sistemas meteorológicos suelen avanzar desde el oeste (donde se pone el sol) hacia el este (donde sale el sol). Un cielo rojo al atardecer por lo general indica alta presión del aire. Anuncia un tiempo agradable. En cambio, cuando el cielo se ve rojo al amanecer, significa que el buen tiempo ya pasó. Hay más vapor de agua en el aire, lo que anuncia una posible tormenta.

Mil años atrás, cuando los vikingos salían a navegar, usaban el sol para orientarse. Tal vez era fácil perderse en los días nublados. Los científicos modernos creen que los vikingos usaban una antigua tecnología para mantener el curso. En los días nublados, observaban el cielo a través de un cristal. El cristal los ayudaba a encontrar el punto más brillante del cielo. Así sabían dónde estaba el sol.

Este cristal fue usado por los vikingos.

Desde hace muchos años, las personas observan a los animales para predecir el estado del tiempo. Se dice que las vacas se echan en el suelo cuando está por llover. Algunos afirman que es porque las vacas sienten el aumento de la humedad. Otros dicen que las vacas absorben vapor de agua por las patas. Cuando absorben demasiado, ya no pueden seguir de pie.

Lo cierto es que ese método de pronóstico no es válido para la ciencia. Para predecir cómo estará el tiempo, los científicos confían más en las aves que en las vacas.

Se ha observado que las aves se preparan para las tormentas días antes de que ocurran. En un estudio, los científicos colocaron pequeños dispositivos de rastreo en cinco aves. Durante la temporada de reproducción, las aves de pronto abandonaron sus nidos, algo que no es habitual. Las cinco aves se alejaron al menos 1,500 kilómetros (900 millas). Luego, se produjo un tornado cerca del nido. Hubo relámpagos, lluvia, viento y granizo. Después de la tormenta, las aves regresaron.

Los científicos que realizaron el estudio creen que las aves sintieron que venía una tormenta. Las aves pueden oír el infrasonido, que es uno de los sonidos que hacen las tormentas. Los seres humanos no pueden oírlo.

INGENIERÍA

¿Cómo podemos saber adónde van las aves u otros animales silvestres cuando no los vemos? Los científicos desarrollaron geolocalizadores para resolver este problema. Esos dispositivos se colocan en los animales y registran la hora y la posición del sol. Los datos pueden usarse para saber dónde estuvieron los animales. Ese proceso se conoce como **geolocalización** solar.

Instrumentos en acción

Es posible predecir cómo estará el tiempo sin usar equipos. Pero los meteorólogos logran más exactitud cuando usan herramientas específicas para esa tarea. Algunas de esas herramientas son sencillas. Se utilizan desde hace mucho tiempo. Probablemente hayas visto y usado varias de ellas.

Un ejemplo son las veletas. Tienen marcas para señalar el norte, el sur, el este y el oeste. Una flecha colocada sobre una varilla gira para señalar la dirección desde donde sopla el viento. Una de las primeras veletas estaba en lo alto de una torre en Atenas, Grecia, alrededor del año 50 a. C. No era solo una herramienta. También era un elemento decorativo. Tenía la forma del dios griego Tritón.

Aunque las veletas son sencillas, siguen siendo útiles. Llevar un registro de la dirección del viento puede servir para hallar patrones en el estado del tiempo. Un cambio en la dirección del viento puede indicar que el tiempo cambiará pronto.

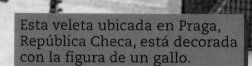

Esta veleta ubicada en Praga, República Checa, está decorada con la figura de un gallo.

ARTE

Los aeropuertos modernos aún colocan mangas de viento en las pistas. Estos largos tubos de tela con franjas anaranjadas y blancas se inflan con la brisa para indicar la velocidad y la dirección del viento. Los colores no solo son decorativos. El anaranjado de las franjas es intenso para que los pilotos puedan verlas desde lejos. En algunos diseños, cada franja representa una medida de la fuerza del viento.

Medir la lluvia

Otra de las herramientas que usan los meteorólogos es el pluviómetro. Hay diferentes tipos de pluviómetros. Algunos son más sencillos que otros. Un pluviómetro común recoge la lluvia en un tubo de 20 cm (8 in). Las marcas del tubo indican cuánta lluvia cayó.

El pluviómetro de cubeta basculante conduce el agua de lluvia a través de un embudo que llega a dos pequeñas cubetas. Cuando la primera cubeta se llena, se inclina para que el agua caiga en la segunda cubeta. Para medir la lluvia, el dispositivo cuenta la cantidad de veces que el agua cambia de cubeta.

pluviómetro común

El pluviómetro de peso recoge el agua de lluvia y calcula su **masa**. También sirve para medir las precipitaciones sólidas, como la nieve y el granizo.

El pluviómetro óptico recoge el agua de lluvia y usa un haz de luz para medir la rapidez con que cae. El haz detecta los destellos de luz en la lluvia.

Este poste mide la altura del agua en una inundación.

En 2017, el huracán Harvey marcó un récord en los pluviómetros. Los instrumentos midieron entre 127 y 152 cm (entre 50 y 60 in) de lluvia en Houston durante un periodo de cinco a seis días.

Ciencia en serio

El radar Doppler se menciona mucho en los informes meteorológicos. Ese sistema envía **ondas de radio**. Las ondas detectan la lluvia, la nieve, el granizo y el aguanieve. El sistema indica la dirección y la velocidad de las precipitaciones. Con esos datos, los científicos pueden saber si se aproxima alguna tormenta.

Los científicos también usan **satélites** meteorológicos. Esos satélites toman fotos, graban videos y registran datos sobre la atmósfera desde el espacio. Los científicos estudian las imágenes para rastrear las condiciones meteorológicas **severas**. Luego, alertan a las personas antes de que ocurran tormentas muy fuertes.

Las alertas anticipadas les dan a las personas tiempo para prepararse. Tal vez necesiten guardar agua y alimentos. Quizá tengan que cubrir las ventanas y proteger las casas. O tal vez deban **evacuar** el lugar. Recibir una alerta a tiempo es importante cuando las condiciones meteorológicas son severas. Puede salvar vidas.

daños causados por el huracán Sandy en 2012

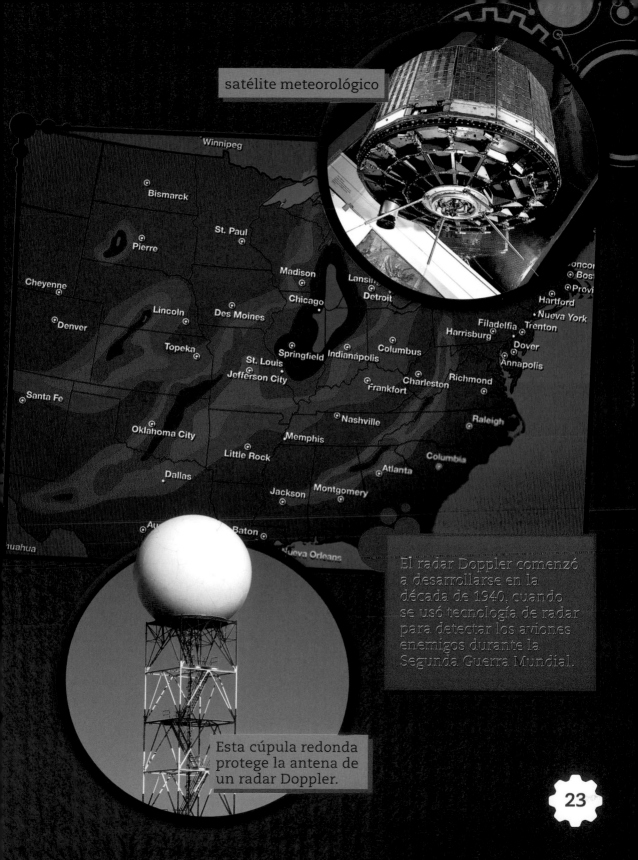

satélite meteorológico

El radar Doppler comenzó a desarrollarse en la década de 1940, cuando se usó tecnología de radar para detectar los aviones enemigos durante la Segunda Guerra Mundial.

Esta cúpula redonda protege la antena de un radar Doppler.

23

Datos a la vista

Los datos que brindan los instrumentos de alta tecnología o las herramientas sencillas pueden mostrarse por medio de símbolos en un mapa de superficie, o mapa meteorológico. Para leer un mapa meteorológico se necesita práctica. Pero los meteorólogos saben el significado de cada curva y cada signo.

Un frente es una zona de intercambio entre dos **masas de aire**. Un frente frío se produce cuando una masa de aire frío reemplaza a una masa de aire caliente. Se indica con triángulos azules a lo largo de una línea. Un frente cálido se produce cuando una masa de aire caliente reemplaza a una masa de aire frío. Se indica con semicírculos rojos a lo largo de una línea.

Las precipitaciones se indican con áreas de color verde. Adentro del área verde hay diferentes símbolos para indicar el tipo de tormenta que se espera. La nieve se indica con asteriscos. El símbolo del aguanieve es un triángulo con un punto adentro.

Recuerda estas marcas la próxima vez que veas un informe meteorológico. ¡Ahora tú también puedes leer mapas meteorológicos!

nieve

lluvia

aguanieve

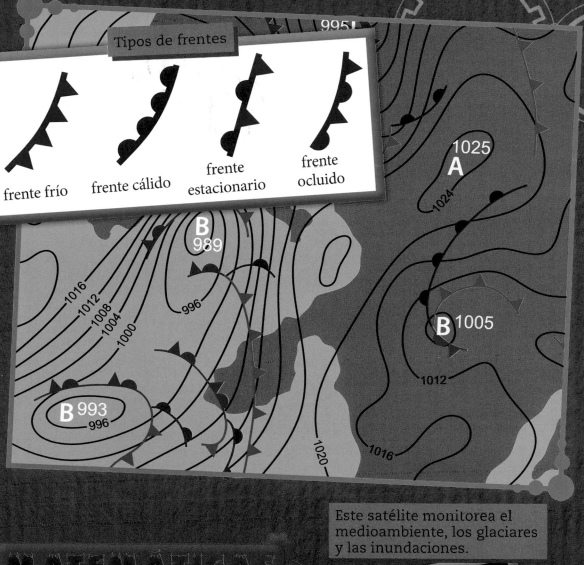

Tipos de frentes

frente frío

frente cálido

frente estacionario

frente ocluido

995

1025
A

1024

B
989

1016
1012
1008
1004
1000

996

B 1005

1012

B 993
996

1020

1016

Este satélite monitorea el medioambiente, los glaciares y las inundaciones.

MATEMÁTICAS

El Servicio Meteorológico Nacional es un grupo que reúne datos sobre el estado del tiempo. Para reunir los datos usa radares, satélites y otras herramientas. ¡Pero son las matemáticas las que ayudan a usar los datos! Se usan ecuaciones para predecir el estado del tiempo con hasta 16 días de anticipación.

Los pronósticos hoy en día

Los pronósticos meteorológicos han recorrido un largo camino desde los tiempos en que los vikingos navegaban los mares. Ellos miraban el cielo y solo tenían herramientas sencillas.

Hoy en día, los meteorólogos tienen muchas herramientas. Reúnen datos con instrumentos de alta tecnología. Logran más exactitud que nunca.

Los meteorólogos pueden saber si habrá sol o lloverá. También pueden rastrear sistemas meteorológicos severos. Son los primeros en saber si habrá tormentas muy fuertes que puedan afectar nuestra vida.

Las condiciones meteorológicas extremas son peligrosas. Pueden causar la muerte. Pero los científicos están trabajando en eso. Están aprendiendo nuevas maneras de pronosticar el tiempo. Trabajan para desarrollar nuevas herramientas. En el futuro, podrán detectar las tormentas incluso antes que ahora. Tendrán aún más tiempo para alertar a las personas. Y salvarán muchas más vidas.

HURACÁN AZOTA LA COSTA

EN DIRECTO   ...adas se esperan en el norte

satélite TIROS

satélite SEASAT

En 2017 se aprobó la Ley de Innovación para Investigación y Pronósticos Meteorológicos. Esa ley impulsó la investigación para mejorar los pronósticos meteorológicos.

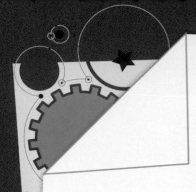

DESAFÍO DE CTIAM

Define el problema

Imagina que tu clase está creando e instalando un conjunto de herramientas meteorológicas para usar en la escuela. A tu grupo le han pedido que diseñe una herramienta que represente a la escuela y que mida la fuerza y la dirección del viento.

Limitaciones: Tu herramienta debe estar hecha con materiales reciclados.

Criterios: La herramienta debe tener colores, imágenes y/o símbolos que representen a la escuela y muestren claramente la velocidad y la dirección del viento.

Investiga y piensa ideas

¿Cómo se mide la fuerza del viento? ¿Cómo funciona tu herramienta? ¿Dónde la colocarás? ¿Qué materiales usarás en tu herramienta? ¿Qué colores, símbolos o temas representan a tu escuela?

Diseña y construye

Bosqueja el diseño de tu herramienta, incluida la decoración. Construye la herramienta.

Prueba y mejora

Usa un ventilador de varias velocidades para crear vientos de distinta intensidad. ¿La herramienta muestra con claridad la fuerza y la dirección del viento? Pregúntales a algunos maestros y estudiantes de tu escuela si la decoración representa a la escuela. Modifica tu diseño y vuelve a intentarlo.

Reflexiona y comparte

¿Es importante el lugar donde estará tu herramienta? ¿Cómo ayudará la herramienta a los estudiantes de tu escuela? ¿La herramienta podría tolerar todas las condiciones del tiempo?

Glosario

atmósfera: la masa de aire que rodea a la Tierra

densos: describe cosas cuyas partes están muy juntas

evacuar: abandonar un lugar peligroso

geolocalización: la ubicación de alguien o algo en un planeta

humedad: la cantidad de agua que hay en el aire

infrasonido: frecuencias de sonido que son demasiado bajas para el oído humano

masa: la cantidad de materia que contiene un cuerpo

masas de aire: cuerpos de aire que tienen casi las mismas condiciones de temperatura y humedad en toda su extensión

meteorólogos: científicos que estudian el estado del tiempo

ondas de radio: energía que sirve para enviar señales a través del aire sin usar cables

precipitación: el agua que cae al suelo en forma de lluvia, nieve u otras

pronóstico: una predicción sobre algo que sucederá en el futuro

reproducción: el proceso por el cual las aves y otros animales tienen crías

satélites: objetos que giran alrededor de otros objetos mucho más grandes en el espacio

se evapora: pasa del estado líquido al estado gaseoso

severas: muy malas, graves o que pueden causar dolor o sufrimiento

temperatura: una medida que indica qué tan frío o caliente está algo

vapor de agua: agua en estado gaseoso

Índice

¿Quieres estudiar los patrones meteorológicos?
Estos son algunos consejos para empezar.

"Hay muchos lugares que necesitan ayuda para rastrear tormentas. ¿Has oído hablar del Corredor de los Tornados? Está en el Medio Oeste, entre Oklahoma y Nebraska. Es famoso por sus tornados. Las tormentas hacen trizas las casas, destruyen granjas y dejan a muchas personas sin hogar. ¡Tú puedes ayudarlos a resolver el problema! ¿Puedes diseñar una nueva herramienta para medir la velocidad del viento? ¿Puedes construir una herramienta para alertar al público antes de que llegue un tornado?". **—Elizabeth Pilger, coordinadora de producción**

"Construye algunos instrumentos meteorológicos que puedas usar durante diferentes sistemas meteorológicos. Un simple pluviómetro puede darte datos muy útiles. Una manga de viento puede indicarte los cambios en el estado del tiempo. Trata de predecir cómo estará el tiempo usando tus instrumentos". **—Kelly V. Chance, física**